Ulf Wakenius

OSCAR**PETERSON**LICKS
FÜR**JAZZ-GITARRE**

Lerne die Jazz-Konzepte eines Meisterimprovisators

ULF**WAKENIUS**

MIT TIM PETTINGALE

FUNDAMENTAL**CHANGES**

Ulf Wakenius Oscar Peterson Licks für Jazz-Gitarre

Lerne die Jazz-Konzepte eines Meisterimprovisators

ISBN: 978-1-78933-362-6

Veröffentlicht von **www.fundamental-changes.com**

Urheberrecht © 2020 Ulf Wakenius

Mit Tim Pettingale

Übersetzung: Daniel Friedrich

www.fundamental-changes.com

Über 13.000 Fans auf Facebook: **FundamentalChangesInGuitar**

Instagram: **FundamentalChanges**

Über 350 kostenlose Gitarrenlektionen mit Videos findest du unter

www.fundamental-changes.com

Titelbild Copyright: Rolf Ohlson, verwendet mit Genehmigung.

Danksagung

Ich möchte meiner kanadischen Familie, Kelly und Celine Peterson, meinen tiefsten Dank dafür aussprechen, dass sie mir die Erlaubnis gegeben haben, dieses Projekt durchzuführen. Vielen Dank an Chris Parson und das Stratford Festival für die Genehmigung zur Verwendung der Fotos und danke an Rolf Ohlson für das Titelbild. Dank auch an Tim, Joseph und Levi bei Fundamental Changes, und an Martin Taylor für die Empfehlung. Schließlich danke ich Oscar Peterson dafür, meine Träume wahr werden zu lassen.

–Ulf Wakenius

Inhalt

Über den Autor

Ulf Wakenius ist ein gefeierter schwedischer Jazzgitarrist. Zwischen 1997 und 2007 hatte Ulf Wakenius eine der prestigeträchtigsten Positionen für einen Jazzgitarristen inne: einen Platz im Oscar Peterson Quartett. Zuvor hatte Ulf in seiner Karriere bereits viele Rekorde gebrochen. Sein Duo Guitars Unlimited trat auf dem Höhepunkt des Melody Grand Prix 1985 auf, ein Ereignis, das von über 600 Millionen Zuschauern gesehen wurde. Das war wahrscheinlich das größte Publikum, das ein Jazzgitarren-Duo je hatte!

Kurz darauf begann Ulf eine äußerst erfolgreiche und lang anhaltende Zusammenarbeit mit dem legendären dänischen Bassisten Niels-Henning Ørsted Pedersen. Es folgten zwei erfolgreiche Alben mit der Bass-Ikone Ray Brown, die beide die Spitze der US-Jazz-Charts erreichten.

Ulf ist bekannt für sein großartiges rhythmisches Gespür und seinen lyrisches Spielgefühl. Viele der einflussreichsten Jazzgitarristen der Welt zählen zu seinen Fans:

„Er spielt die Gitarre, als wäre er schon mit ihr in den Händen geboren.“

-John McLaughlin

„Einfach großartig!”

-Pat Metheny

„Du bist also der böse Junge, von dem alle reden?!“

-Larry Carlton

„Spektakulär! Unglaublich!“

-Allan Holdsworth

„Ich habe dich mit Ray Brown gehört, du hast dich großartig angehört!“

-John Scofield

„Gigantische Chops!“

-Pat Martino

Weitere Informationen findest du unter: **ulfwakenius.net**

Einführung

Mitte der neunziger Jahre hatte ich das Privileg, im Trio des großen Ray Brown zu spielen, und wir nahmen in den CBS-Studios in New York zwei Alben auf - *Seven Steps to Heaven* und *Summertime*. Ray hatte etwa fünfzehn Jahre lang mit Oscar Peterson zusammengearbeitet, und Oscar hatte großen Respekt vor ihm, so dass er natürlich auf diese Aufnahmen aufmerksam wurde. Das war das erste Mal, dass ich auf Oscars Radar auftauchte.

Zur gleichen Zeit war Oscars aktueller Bassist zufällig mein enger Freund Niels-Henning Ørsted Pedersen (NHOP) - ebenfalls ein Bassgenie - und NHOP wusste, dass Oscar einen neuen Gitarristen suchte. Er erzählte Oscar, dass er einen Mann kannte, der perfekt für ihn wäre, und so war NHOP maßgeblich daran beteiligt, mir die Tür zu öffnen.

Eines Tages rief mich Oscars Agent aus heiterem Himmel an und fragte mich, ob ich dem Oscar Peterson Quartett beitreten wolle. Ich war buchstäblich sprachlos. Ich schaffte es zu sagen: „Wow! Natürlich." Dann sprach er davon, mich für die erste Veranstaltung, die im Terminkalender stand, nach München zu holen. Ich fragte ihn: „Welche Musik muss ich lernen?", aber er sagte nur: „Vergessen Sie die Musik, bringen Sie einfach Ihren Smoking mit!"

Mir wurde mitgeteilt, dass mein erster Auftritt mit Oscar in der Münchner Philharmonie stattfinden würde und dass ich ihn am Tag des Auftritts treffen würde. Ich hatte keine Ahnung, was ich spielen sollte, als ich dort ankam, aber der Auftritt war noch zwei Monate entfernt, also verbrachte ich diese Zeit damit, Oscars zahlreiche CDs aufzuspüren und seine Arrangements anzuhören. Das war das Material aus fünfzehn Jahren - eine Menge zu Hören!

Der Tag des Auftritts kam und ich wurde angewiesen, Oscar in einem kleinen Proberaum in der Nähe des Veranstaltungsortes zu treffen. Ich richtete mich ein und Oscar kam herein, setzte sich ans Klavier und begann einfach zu spielen. Ich erkannte das Stück als *Here's That Rainy Day* und dachte: „Wunderbar, das kenne ich" und stimmte ein. Nach einer Weile hörte Oscar auf zu spielen und sagte: „Klingt gut. Wir sehen uns beim Konzert", und damit ging er.

Das war meine „Generalprobe". Dann kam das Abendkonzert. Wir waren buchstäblich kurz davor, die Bühne zu betreten, als ich NHOP nervös fragte: „Was werden wir denn heute Abend spielen?!" Er antwortete mir nur: „Das werden wir schon herausfinden!" Wir begannen mit einem Turnaround, und ich erfuhr, dass bei jeder Show die Band herauskam und einer nach dem anderen zu spielen begann; zuerst das Schlagzeug, dann der Bass, dann die Gitarre, bevor Oscar die Bühne betrat. An diesem Abend spielten wir den Turnaround, bis die gesamte Band auf der Bühne war, dann begann Oscar mit dem bekannten Standard „*Falling in Love With Love*". „OK", dachte ich, „ich werde es schon schaffen".

Als Nächstes begann Oscar jedoch, eine seiner Originalkompositionen zu spielen - eine, die bei meinen umfangreichen Recherchen nicht aufgetaucht war. Ich wusste, dass ich das tonale Zentrum dieses Stücks sehr schnell finden musste. Es spielte keine Rolle, dass ich das Stück nicht kannte, aber schon bald würde ich ein Solo spielen müssen - und das vor 7.000 Menschen. Ich wusste, dass ich es einfach tun musste. Das nenne ich einen musikalischen Bungee-Sprung!

An diesem Abend entdeckte ich, dass Oscar ein sehr spontaner Typ war, der gerne das spielte, was er im Moment fühlte. Seitdem habe ich vielen Gitarrenschülern gesagt: „Es gibt einige Situationen in der Musik, auf die man sich *nicht vorbereiten kann* - man muss sich einfach auf sie einlassen."

Am Ende des Konzerts sagte ich mir: „Sieh es positiv, Ulf. Du hast einmal in deinem Leben mit Oscar Peterson gespielt. Jetzt wird er dich nach Hause schicken!" Aber Oscars Frau rief mich in seine Garderobe und er sagte mir: „Junger Mann, du warst heute Abend großartig. Betrachte dich als engagiert." Das war der zweite Moment des Staunens für mich.

Es war der Beginn von zehn unglaublichen gemeinsamen Jahren, in denen ich das Privileg hatte, mit Oscar um die Welt zu touren. Wir wurden in dieser Zeit zu einer Familie. Ich habe Oscar und seinem Vermächtnis so viel zu verdanken, dass es nur angemessen erscheint, dieses Buch meinem lieben Freund und Mentor zu widmen. Sein Vermächtnis lebt weiter.

Ulf Wakenius, Juli 2020.

(L-R: Ulf Wakenius, Niels-Henning Ørsted Pedersen, Oscar Peterson, Martin Drew)

Über dieses Buch

Oscar Emmanuel Peterson gilt weithin als einer der größten Jazzpianisten aller Zeiten. Er verfügte über alle Attribute, die ihn zum „kompletten" Musiker machten: mühelose Technik und Fingerfertigkeit, ein swingendes Gefühl für den Takt, ein großes Vokabular an melodischen Ideen, ein tiefes Verständnis für Harmonie und eine energische Kreativität, die seine Musik vorantrieb.

Als Kind erhielt Oscar Klavierunterricht bei dem berühmten ungarischen Pianisten Paul de Marky, der bei Franz Liszt studiert hatte. Diese frühe Ausbildung vermittelte ihm ein starkes klassisches Fundament - ein Einfluss, den er während seiner gesamten Jazzkarriere beibehalten sollte. Gleichzeitig mit dem Studium des klassischen Repertoires war er vom aufregenden Sound des Boogie-Woogie-Pianos begeistert und begann, sich mit dieser Musik zu beschäftigen.

Im Alter von neun Jahren übte Peterson täglich bis zu sechs Stunden, und mit vierzehn Jahren gewann er einen nationalen Musikwettbewerb. Dies führte dazu, dass er die High School in Montreal abbrach, um eine professionelle Musikkarriere zu verfolgen. Petersons Karriere erreichte die nächste Stufe des Erfolgs, als er von Jazz-Impresario Norman Granz „entdeckt" wurde. Granz hörte Peterson zufällig, als er mit dem Taxi zum Flughafen fuhr, über eine Radioübertragung aus einem Montrealer Jazzclub. Er war so beeindruckt, dass er den Taxifahrer aufforderte, umzudrehen und ihn zu dem Club zu bringen. Granz wurde für einen Großteil von Petersons Karriere sein Manager.

Oscars Stil

Oscars klassischer Einfluss zog sich wie ein roter Faden durch sein Spiel, und Jazzjournalisten kommentierten, dass sein Balladenspiel zuweilen an Ravel oder Debussy erinnerte. Aber auch der Blues war in seinen melodischen Improvisationen nie weit weg. Eine seiner großen Inspirationsquellen war Art Tatum, und Peterson zeigte die gleiche Art von ungezügelter Virtuosität. Oscars linke Hand war ebenso stark wie seine rechte, was bedeutete, dass er blitzschnelle Läufe spielen konnte, die sich in beiden Händen spiegelten. Seine Konzentration auf technische Fertigkeiten irritierte manchmal die Musikkritiker, wurde aber von denjenigen gelobt, deren Meinung am wichtigsten war. Duke Ellington nannte ihn den „Maharadscha der Tasten" und sagte, Peterson spiele „jenseits aller Kategorien", während der legendäre Pianist Hank Jones sagte, er würde „jeden heute lebenden Pianisten haushoch überragen".

Benny Green sagte über Art Tatum, er sei der einzige Jazzmusiker gewesen, der „versuchte, einen Stil zu entwickeln, der auf *allen Stilen* basierte, die Manierismen der Schulen zu beherrschen und diese dann zu etwas Persönlichem zu synthetisieren." Doch Peterson schaffte das gleiche Kunststück wie sein Vorbild, indem er alle seine Einflüsse zu einem stimmigen Ganzen zusammenfügte.

Oscars Einfluss auf die Jazzgitarre

Es steht fest, dass Oscar gerne mit Gitarristen zusammenarbeitete. Als Ulf Wakenius 1997 dem Oscar Peterson Quartet beitrat (eine Zusammenarbeit, die ein Jahrzehnt dauern sollte), waren ihm Barney Kessel, Herb Ellis und Joe Pass vorausgegangen. Es ist nicht übertrieben zu sagen, dass Oscars Spiel durch seinen Einfluss auf diese vier großen Gitarristen in das allgemeine Bewusstsein der Jazzgitarrengemeinde eingedrungen ist.

Oscar bezeichnete Ulf öffentlich als „einen der größten lebenden Gitarristen der Welt", und Ulf ist wie kein anderer in der Lage, dieses Buch zu schreiben, das zeigt, wie Oscars Meisterschaft auf dem Jazz-Piano auf die Gitarre übertragen werden kann.

Was können Gitarristen also von Oscar Peterson lernen?

Oscars Spiel zeugt von einem tiefen Verständnis für Harmonie, und oft reharmonisierte er bekannte Melodien auf wunderbare Weise, um ihnen etwas Neues zu geben, ohne dabei die ursprüngliche Absicht des Komponisten zu vernachlässigen. In seinen Soli finden sich Akkordsoli und Oktavmuster, gepaart mit bluesigen Double-Stops. Er behielt eine Liszt-ähnliche Herangehensweise an das Spielen von Stücken bei, indem er ein einfaches melodisches Motiv nahm und endlose Variationen davon entwickelte. Er war auch ein Meister der Bebop-Phrasierung und des Solospiels und setzte Bebop-Techniken wie Enclosures, Chromatik und Substitutionsideen ein. Oscars improvisierte einzeilige Läufe waren so wohlgeformt und harmonisch reichhaltig, dass man sich besser fragen sollte, was wir *nicht* von Oscar Peterson lernen können!

In diesem Buch ist jedes Kapitel einem Aspekt von Oscars Technik gewidmet, und Ulf demonstriert fachmännisch, wie sich diese Konzepte auf die Gitarre übertragen lassen. Du erhältst nicht nur einen Einblick in alle Techniken der modernen Jazzgitarre, sondern entdeckst auch eine Ressource, die dein Jazzvokabular für die nächsten Jahre bereichern wird.

Wie Oscar selbst sagte: „Es spielt keine Rolle, was für ein Instrument es ist, es ist einfach ein anderes Ausdrucksmittel."

Tim Pettingale

Audio abrufen

Die Audiodateien zu diesem Buch kannst du kostenlos von **www.fundamental-changes.com** herunterladen. Der Link befindet sich in der oberen rechten Ecke. Klicke auf den Link „Gitarre", wähle dann einfach diesen Buchtitel aus dem Dropdown-Menü aus und folge den Anweisungen, um die Audiodatei zu erhalten.

Wir empfehlen, die Dateien direkt auf den Computer (nicht auf das Tablet) herunterzuladen und sie dort zu extrahieren, bevor du sie zu deiner Medienbibliothek hinzufügst. Du kannst sie dann auf dein Tablet oder deinen iPod laden oder auf CD brennen. Auf der Download-Seite findest du eine Anleitung und wir bieten zudem technische Unterstützung über das Kontaktformular.

Über 350 kostenlose Gitarrenlektionen mit Videos findest du hier:

www.fundamental-changes.com

Über 13.000 Fans auf Facebook: **FundamentalChangesInGuitar**

Markiere uns zum Teilen auf Instagram: **FundamentalChanges**

Kapitel Eins - Der Blues

„Ich spiele so, wie ich mich fühle."

–O. P.

Der Blues war nie weit von Oscars Spiel entfernt, und alle Elemente, die man im Vokabular eines Blues-Spielers erwarten würde, sind in seinen Soli zu finden, wie zum Beispiel:

- Licks mit bluesigem Einschlag, hinter dem Beat gespielt

- Pentatonische Einzelnotenläufe

- Doppelgriffe und Oktavlinien

In diesem Kapitel lernst du einige Jazz-Blues-Licks zu jeder dieser Techniken, die du in deinen Wortschatz aufnehmen kannst.

Die Ursprünge des Jazz liegen im Blues. Daher ist es für jeden Jazzgitarristen unerlässlich, den Blues zu verstehen und zu wissen, wie er den Stil des modernen Jazz beeinflusst hat, den wir heute kennen.

Der Blues ist eine gefühlvolle, intuitive Musik, die uns auf einer emotionalen Ebene anspricht, daher ist es wichtig, einige Blues-Licks in unserem melodischen Arsenal zu haben. Aber wir wollen nicht nur gelegentlich ein bluesiges Lick in unser Spiel werfen, sondern Blueslinien in die Geschichte eines Solos einflechten, und das ist etwas, was Oscar auf ganz natürliche Weise tun konnte. In Jazzgitarrenkreisen schaffte es Kenny Burrell, ein starkes bluesiges Element in seinem Spiel beizubehalten, doch auf eine nahtlose Art und Weise, indem er reibungslos zwischen Blues-Phrasen und Bebop-Linien wechselte.

Tipps zur Technik

- Unterschätze nicht den Nutzen der pentatonischen Molltonleiter im Jazz. Stelle sicher, dass du deine pentatonischen Tonleitern in- und auswendig kennst und den gesamten Bereich des Halses nutzt, nicht nur die bekannten Box-Positionen.

- Höre dir einige der Blues-Größen wie B.B. King an. Die Meister können eine einfache Phrase nehmen, sie mit Emotionen füllen und unglaublich viel aus ihr herausholen. Höre dir auch die Spieler an, die den Blues mit dem Jazz verbinden, wie Larry Carlton und Robben Ford.

In Beispiel 1a spiele ich eine Standard-Blues-Phrase über eine Jazz-Blues-Progression in Bb-Dur. Es ist eine einfache Linie, aber beachte, wie ich die Phrase wiederhole und sie auch dann beibehalte, wenn die Akkorde darunter wechseln. Die Linie funktioniert gleichermaßen gut über den I-Akkord (Bb7), den IV-Akkord (Eb9) und den V-Akkord (F9).

Beispiel 1a

Hier ist ein weiteres Beispiel dafür, wie du eine Standard-Blues-Phrase in einen Jazz-Blues einbauen kannst. Diese wird in Oktaven über einem F-Blues gespielt.

Beispiel 1b

Beispiel 1c verwendet eine jazzigere Linie, behält aber die Technik der Wiederholung der Phrase bei. Diesmal schreibe ich nicht alle Takte der Progression auf, aber die Linie funktioniert immer noch über jeden Akkord und du kannst sie auf dem Audiobeispiel vollständig hören. Die dreitönige Auftakt-Phrase wird nur einmal, am Anfang, gespielt.

Beispiel 1c

Oscar war bekannt dafür, Linien in Oktaven zu spielen (wir werden dies in Kapitel vier näher untersuchen), und diese Technik lässt sich leicht auf die Gitarre übertragen. Hier ist ein bluesiges Bb-Riff, das in Oktaven gespielt wird. Verwende viel Attack und passe die Position deiner Greifhand so an, dass du die mittlere Saite zwischen den Oktavtönen dämpfst. Auch hier funktioniert das über die gesamte Blues-Sequenz, wie du im Audio hören kannst.

Beispiel 1d

Hier ist eine weitere einfache pentatonische Linie über einen Bb-Blues, wobei rhythmische Variationen der Schlüssel zum Erfolg sind. Eine einfache Möglichkeit, dein Jazz-Vokabular zu erweitern, besteht darin, ein bekanntes Lick rhythmisch zu variieren, z. B. indem du es auf verschiedenen Taktschlägen beginnst. Wenn du ein bestimmtes Lick oft auf Schlag 1 des Taktes spielst, höre dir an, wie es klingt, wenn du es auf Schlag 3 spielst und den Taktstrich überschreitest.

Beispiel 1e

Hier ist eine Idee, die auf Raum und Rhythmus setzt.

Beispiel 1f

Versuche nun dieses pentatonische Lick, das einen geraden Durchlauf durch die Bluesskala enthält. Die Wiederholung über die wechselnde Akkordfolge macht es interessant.

Beispiel 1g

Beispiel 1h ist eine etwas kompliziertere motivische Pentatonik-Blues-Idee, die größere Intervallsprünge enthält.

Beispiel 1h

Jazzpianisten spielen oft legato, um bluesige Phrasen zu spielen, indem sie mehr als eine Note auf einmal anschlagen und so von einer Note zur nächsten „gleiten". Auf der Gitarre spielen wir diese Ideen als Double-Stops. Anders als bei einem konventionellen Double-Stop geht es jedoch darum, die erste Note sauber zu treffen und dann einen Bruchteil später in die nächste Note zu gleiten. Dies ist besonders in Takt 10 entscheidend, wo die leicht träge und „unpräzise" Art, die Phrase zu spielen, das pianistische Legato-Gefühl einfängt.

Höre dir das Audiobeispiel an, um eine Vorstellung zu bekommen.

Beispiel 1i

Beispiel 1j ist ein riff-ähnliches Motiv, das einen gleitenden Double-Stop in eine gewöhnliche Blues-Phrase einfügt. In diesem Lick gibt es viel Platz und wieder einmal geht es um die rhythmische Phrasierung. Spiele es ein paar Mal, um sicherzustellen, dass es wirklich „in the pocket" klingt.

Beispiel 1j

Beispiel 1k schließlich enthält ein beliebtes Oscar-Lick, das sich gut auf die Gitarre übertragen lässt. Es ist ein Double-Stop, bei dem eine Note als Pedalton gehalten wird, während andere Noten dagegen aufsteigen. Im Gegensatz zu einigen der Licks, die wir uns angeschaut haben, wird dieses Lick transponiert, wenn sich der Akkord ändert, anstatt gleich zu bleiben.

Spiele dies ausschließlich mit Abschlägen und dämpfe die Noten nicht, so dass sie gegeneinander klingen.

Beispiel 1k

Im nächsten Kapitel werden wir den Aspekt der Vokalphrasierung von Oscars Jazz-Blues untersuchen.

Kapitel Zwei - Vokalphrasierung

„Wenn du etwas zu sagen hast, das etwas wert ist, dann werden dir die Leute zuhören."

Oscars eigene Worte sagen es am besten. Wie spielen wir so, dass die Leute zuhören? Es ist einfach, die Aufmerksamkeit der Leute mit auffälligen Gitarren-Licks und -Techniken zu erregen, aber um wirklich eine emotionale *Verbindung* herzustellen, erreicht man mit einem gefühlvollen, lyrischen Ansatz sehr viel mehr. Die Soli, an die sich die Leute erinnern, sind diejenigen, die starke Melodien und eine gesangsähnliche Phrasierung aufweisen. Niemand verlässt ein Konzert die symmetrische verminderte Tonleiter summend!

Wie können wir diese vokale Qualität in unserem Spiel erreichen?

Wir können sie mit verschiedenen musikalischen Mitteln lernen, die Oscar gerne verwendete. Im Grunde genommen kommt es auf eine gute Phrasierung an. Genauso wie ein langer Satz ohne Interpunktion schwer zu verarbeiten und zu verstehen ist, fehlt es einem Solo mit schlechter Phrasierung an Struktur und Richtung. Wenn wir jedoch gut komponierte Phrasen spielen, beginnen unsere Soli eine Geschichte zu erzählen, und es ist diese Erzählung, mit der sich die Zuhörer identifizieren können.

Um diesen Ansatz zu entwickeln, höre dir einige der großen Jazzsängerinnen und -sänger an und höre darauf, wie sie Melodien formen und Scat-Phrasen improvisieren. Ein großartiges Beispiel dafür ist Carmen McRaes Version von *Satin Doll* auf dem Album *The Great American Songbook*. Es ist eine Lektion in hervorragender Phrasierung (und es enthält auch ein heißes Solo von Joe Pass!)

Wieder hilft uns der Blues, um diese vokale Qualität in unseren Jazzgitarrenlinien zu erreichen. Es gibt mehrere Techniken, mit denen du deinen Linien leicht eine Vokalphrasierung verleihen kannst:

* Call and Response/ Frage und Antwort/

* Atempausen

* Rhythmische Variation

* Linien mit Swing spielen

Wir werden sie nacheinander untersuchen.

Tipps zur Technik

* Um die Konzepte in diesem Kapitel zu erforschen, transkribiere einige große Jazzsänger, die Stücke vortragen, die du kennst. Durch das Transkribieren eines Sängers lernst du viel über gute Phrasierung

* Singe deine Phrasen, während du spielst, so dass du gezwungen bist, zwischen den Linien einen musikalischen „Atemzug" zu machen. Wenn diese Technik neu für dich ist, singe zunächst eine Phrase und finde dann heraus, wie du diese auf der Gitarre spielen kannst. Das hilft bei der Gehörbildung. Das Ziel ist es, sich eine Linie auszudenken und sie dann gleichzeitig zu singen und zu spielen. Es macht nichts, wenn du kein großer Sänger bist - sing einfach leise!

Call and Response

Die erste Technik, die wir uns ansehen werden, ist „Call and Response". Dies bedeutet, dass eine melodische Aussage gefolgt von einer Antwortphrase mit einer Pause dazwischen gespielt wird. Die erste Aussage kann eine sehr einfache Phrase sein, bevor die zweite sie mit einer Variation wiederholt.

Manchmal wird die erste Aussage mehrmals wiederholt, wobei die „Antwort" jedes Mal variiert, was eine einfache Möglichkeit darstellt, eine Geschichte zu erzählen.

Hier sind einige Call-and-Response-Licks für den Anfang.

Beispiel 2a

Im Blues ist es üblich, Dur- und Moll-Licks über einem Dominant-Akkord zu mischen. In Beispiel 2b umreißt die Linie ein Bbm6-Arpeggio über einem Bb7-Akkord.

Beispiel 2b

Auch wenn du die Noten einer Call-and-Response-Phrase nicht jedes Mal auf die gleiche Weise spielen willst, kann das Nachahmen des Rhythmus genauso effektiv sein. Dies ist die Idee hinter Beispiel 2c.

Beispiel 2c

Bislang waren die Call-and-Response-Linien sehr bluesig. Hier ist eine jazzigere Version.

Beispiel 2d

Atempausen

Im Jazz, wo Virtuosität Applaus findet, kann es große Selbstdisziplin erfordern, Raum in unserer Phrasierung zu lassen. Die Noten, die wir weglassen, sind jedoch genauso wichtig wie die, die wir spielen. Hab keine Angst davor, Raum zu lassen. In Beispiel 2e habe ich absichtlich einen großen Atemzug eingefügt, um dies zu betonen - sogar zwei ganze Takte! Aber diese Pause hebt das Lick umso mehr hervor.

Beispiel 2e

Hier ist ein Call-and-Response-Lick, das zu Beginn eine kurze zweitönige Phrase enthält, aber vor der Antwort viel Raum zum Atmen lässt. Es funktioniert, weil es ein Element der Überraschung hinzufügt.

Beispiel 2f

Rhythmische Variation

Eine einfache Linie, die ein starkes rhythmisches Gefühl hat, wird immer einprägsamer sein als eine, die mit wenig oder gar keiner Variation gespielt wird. Beispiel 2g ist eine Linie mit chromatischen Noten, die am Takt *zieht* und deren eindringlicher, sich wiederholender Rhythmus die Aufmerksamkeit des Zuhörers erregt.

Beispiel 2g

Beispiel 2h ist eine Linie mit Standard-Bebop-Vokabular im Stil von Joe Pass. Wir werden uns in einem späteren Kapitel näher mit chromatischen Durchgangsnoten befassen, aber im Wesentlichen umreißt die Phrase die Töne des zugrunde liegenden Akkords und nähert sich ihnen von einem Halbtonschritt tiefer.

Dieser Outside-Inside-Ansatz gibt dem Hörer genügend Informationen über die Harmonie, hält die Dinge aber durch Verwendung der Chromatik interessant. Höre dir das Audiobeispiel an und übe das Lick, bis du es gut genug kennst, um es mit einem starken rhythmischen Gefühl zu spielen.

Beispiel 2h

Linien mit Swing spielen

Eine der wichtigsten Fähigkeiten, die ein Jazzmusiker im Laufe der Zeit erlernt, ist die Fähigkeit, seine Linien zum Swingen zu bringen. Das Wesen des *Swing* lässt sich bekanntlich nur schwer durch Noten (oder gar Worte!) vermitteln. Stattdessen muss man es hören und mit der Zeit im Bewusstsein verankern.

Swing beruht auf einem inneren Zeitgefühl, dass dermaßen ausgeprägt ist, dass man mit ihm *spielen kann*, indem man einige Noten vor dem Beat, einige direkt auf dem Beat und einige dahinter platziert. Wenn Jazz-Solisten swingen, spielen sie vor *und* hinter dem Beat, um einen Push-Pull-Effekt zu erzeugen, wobei sie das „Zentrum" des Beats nie aus den Augen verlieren.

Gitarristen neigen dazu, sich zu beeilen (wir sind recht eifrig!), aber der Jazz verlangt einen entspannteren Ansatz. Um Swing zu üben, spiele mit einem Metronom und konzentriere dich zunächst nur darauf, ein wenig hinter dem Beat zu spielen. Übertreibe es anfangs - sogar bis zu dem Punkt, an dem du das Gefühl hast, dass du zu weit zurückliegst. Lasse zwischen deinen Phrasen etwas Platz. Versuche nun, dich selbst aufzunehmen und anzuhören. Oft, wenn wir denken, dass wir zu träge spielen, sind wir in Wirklichkeit genau richtig. Ausdauerndes Üben mit einem Metronom wird dir helfen, das richtige Gefühl zu finden. Spiele auch zu einigen guten Backing Tracks.

In Beispiel 2j spiele ich die erste Phrase leicht vor dem Beat, was ihr eine Dringlichkeit verleiht, aber dann ziehe ich die Dinge mit einer bluesigen Phrase hinter den Beat zurück. Die Hammer-On/Pull-Off-Phrase in den Takten vier und acht unterstützt den Pull-Effekt.

Beispiel 2i

Eine weitere Technik der Vokalphrasierung, die zum Swing beiträgt, besteht darin, bestimmte Noten in einer Phrase hervorzuheben, so wie ein Sänger bestimmte Wörter oder Phrasen betonen kann.

Beispiel 2j

Und schließlich gibt es eine von Charlie Christian inspirierte Linie, die ein Swing-Gefühl mit rhythmischen Variationen kombiniert und auch Atempausen enthält. Es gibt viele großartige Backing-Tracks zu Jazz-Standards auf YouTube, also suchen dir eines deiner Lieblingsstücke aus, um dazu zu spielen und alle Elemente der Phrasierung zu üben, die wir hier behandelt haben.

Beispiel 2k

Kapitel Drei - Entwicklung von Motiven

„Ich finde, man sollte erst dann sprechen, wenn man den Satz im Kopf zusammen hat. Es ist einfacher, jemandem zuzuhören, der weiß, was er sagen will, als jemandem, der unterbricht, wieder anfängt, eine andere Idee aufgreift, fortfährt und am Ende eine Reihe von abgehackten Phrasen hat."

Ein Merkmal von Oscars klassischer Ausbildung, das er während seiner gesamten Karriere beibehielt, war die Ostinato-Technik. *Ostinato* ist eine Kompositionstechnik, die ihren Ursprung im Barock hat. Sie bezeichnet eine Phrase oder ein Motiv in einem Musikstück, das sich ständig wiederholt (die wörtliche englische Übersetzung des italienischen Wortes lautet „obstinate", auf Deutsch „stur", „hartnäckig").

Ein Ostinato kann auf der Wiederholung von Rhythmen, der Wiederholung von Noten oder sogar der Wiederholung einer ganzen melodischen Phrase basieren. Im strengsten „klassischen" Sinne ist eine Ostinato-Phrase jedes Mal identisch, aber sie umfasst auch Variationen und die Entwicklung von Motiven. Diese Idee hat ihren Weg in den modernen Jazz und auch in die Popmusik gefunden (The Verve's *Bitter Sweet Symphony* ist ein perfektes Beispiel für ihre Verwendung). Im Jazz wird es oft einfach als *Motiv* bezeichnet und häufig variiert, um sich den Akkordwechseln anzupassen.

Tipps zur Technik

- Höre dir einige von Jim Halls Aufnahmen an. Die Idee, ein Motiv zu nehmen und es im Laufe eines Stücks zu entwickeln, ist ein Schlüsselelement seines Spiels. Schau dir auch Julian Lage an, der eine komplexere Variante dieser Technik spielt.

- Spiele dich langsam durch die Changes von einem deiner Lieblingsstücke. Spiele eine einfache Phrase und erkunde dann, was sich an der Phrase ändern muss, damit sie mit dem nächsten Akkord funktioniert. Manchmal musst du gar nichts ändern und manchmal reicht es, nur eine Note zu ändern, damit es passt. Schau, wie weit du diese Idee treiben kannst.

Entwicklung von einfachen Motiven

Die ersten drei Beispiele zeigen, wie man ein einfaches Motiv entwickelt und es dann durch eine Reihe von Akkordwechseln führt. Diese Ideen beruhen auf den Changes des Stücks *You Look Good to Me*.

In Beispiel 3a wird eine Phrase gegeben, die sich über die Takte eins und zwei erstreckt. In den Takten drei und vier wird diese Phrase rhythmisch nachgeahmt, aber die Noten werden an den Akkordwechsel angepasst. In Takt fünf taucht eine neue Idee auf - ein einfaches Motiv, bestehend aus vier Noten. Dieses Motiv wird wiederholt und leicht angepasst, um die Akkordwechsel zu berücksichtigen. Um einen Kontrast zu schaffen, spiele ich zum Schluss eine bluesige Linie.

Beispiel 3a

Als Nächstes folgt ein längeres Beispiel, das als Etüde für deine Übungsstunden dienen kann. Es sollte dir eine klare Vorstellung davon vermitteln, wie du eine Phrase spielen und dann über eine Reihe von Akkordwechseln mit minimalen Änderungen entwickeln kannst. Um zu verhindern, dass sich diese Idee wiederholt, spiele ich in den Takten 13-16 eine andere Art von Linie, die Annäherungsnoten enthält, bevor ich zur Motividee zurückkehre.

Beispiel 3b

Beispiel 3c zeigt, wie dieser Ansatz in ein Solo integriert werden kann. Das Motiv ist hier etwas komplexer und zieht sich nicht durch das ganze Solo, so dass der Effekt subtiler ist als bei den bisher gezeigten Licks. Höre dir jedoch das gesamte Solo an und du wirst hören, wie jede Idee entwickelt wird.

Beispiel 3c

Das nächste Beispiel verwendet einen Ostinato-Ansatz zur Entwicklung eines Motivs. Die Haupt-„Frage"-Phrase wird jedes Mal gleich gespielt, aber die Antwort ist jedes Mal eine andere. Eine einfache Idee wie diese kann deinen Soli ein starkes Gefühl von Erzählung und Richtung geben, da sie dem Hörer etwas Konkretes gibt, an dem er sich festhalten kann. Die Linien, die das Ostinato umgeben, können so wild sein, wie du willst!

Beispiel 3d

Ideen für Pedaltöne

Ein Pedalton ist ein Mittel, um im Jazz Spannung und Entspannung zu erzeugen, und kann sowohl melodisch als auch harmonisch verwendet werden. Melodisch können wir Phrasen spielen, die eine sich wiederholende Note enthalten, während sich andere Noten um sie herum verändern. Harmonisch können wir denselben Akkord mehrere Takte lang spielen, bevor wir zur richtigen Akkordfolge zurückkehren.

In der Regel funktioniert dies am besten, indem man den V7-Akkord als Pedal spielt. So können wir zum Beispiel in einem Rhythm Changes-Titel statt der normalen achttaktigen I vi ii V-Sequenz (Bbmaj7 - G7 - Cm7 - F7 usw.) acht Takte F11 spielen. Der F11-Akkord will sich zum tonalen Zentrum von Bb-Dur auflösen, aber wir erhöhen die Spannung, indem wir ihn viel länger andauern lassen.

Beispiel 3e kombiniert diese beiden Ideen mit einem sich wiederholenden Riff über einem Pedalton-Akkord.

Beispiel 3e

Beispiel 3f kombiniert ebenfalls melodische und harmonische Pedaltöne. Diese Art von Idee können wir nicht ständig verwenden, aber wenn man sie sparsam einsetzt, kann sie sehr effektiv sein. Beachte, dass dieses Lick auch ein wenig klassisch klingt.

Beispiel 3f

Oscars klassischer Einfluss

Oscar spielte manchmal Motivvariationen wie ein klassischer Pianist, aber über Jazzakkorden. Er neigte dazu, diese Linien ziemlich geradlinig zu spielen, ohne zu stark zu swingen. Außerdem enthielten sie nur wenige Durchgangsnoten, um einen Effekt wie bei einer klassischen Etüde zu erzielen.

Beispiel 3g

Hier ist eine Variation der vorherigen Idee, die eine kaskadenartig absteigende Linie verwendet. Spiele diese Linie gerade und unbegleitet und du wirst sofort den klassischen Einfluss hören. Fügst du jedoch ein leichtes Swing-Gefühl und ein paar Jazz-Akkorde hinzu, verwandelt es sich plötzlich in ein interessantes jazziges Motiv.

Beispiel 3h

Zum Schluss noch ein längeres Stück, das du während deiner Übungsstunden einstudieren kannst. Die Idee des Motivs besteht darin, einfach eine Phrase mit vier Noten zu nehmen und sie durch die Akkordfolge zu führen. Der Rhythmus der vier Noten ist der Klebstoff, der alles zusammenhält. In den letzten fünf Takten löse ich mich von dem Motiv und verwende einige Blues-Vokabeln.

In diesem Beispiel habe ich einige *Enclosures* (Annäherungsnoten an Akkordtöne) verwendet. Mache dir darüber vorerst keine Gedanken - wir werden sie in Kapitel sechs detailliert studieren.

Beispiel 3i

Kapitel Vier - Solospiel mit Akkordphrasen

„Ich glaube daran, das gesamte Klavier als ein einziges Instrument zu benutzen, das in der Lage ist, jede mögliche musikalische Idee zum Ausdruck zu bringen."

Um Farbe und Abwechslung in sein Spiel zu bringen, brach Oscar oft mit der Verwendung von Einzelnotenläufen und spielte melodische Phrasen mit Blockakkorden oder Oktaven. Dies sind pianistische Ideen, die Jazzgitarristen schnell übernommen haben, und beide Techniken beruhen auf der Idee, eine melodische Linie zu ergänzen.

Bei Oktaven handelt es sich um eine einfache Verdoppelung der Melodie. Die Art und Weise, wie Oktaven auf der Gitarre angelegt sind, ermöglicht uns, den Klang zu verdichten und mit mehr Attack zu spielen. Wes Montgomery ist der Meister des Oktavspiels und du kannst hören, wie er einige recht komplexe Linien mit dieser Technik spielt.

Die Verwendung von Blockakkorden für ein Solo ist im Wesentlichen dasselbe Konzept - wir haben eine melodische Linie und wollen sie ergänzen. Diesmal besteht der Ansatz jedoch darin, auf jeder Note der Melodie ein kleines Akkord-Voicing aufzubauen. Anstelle einer Gegenmelodie ist das Solo mit Blockakkorden wie eine Gegenharmonie.

Diese Technik ist eine Probe sowohl für unser harmonisches Vokabular als auch für unsere Fähigkeit, Akkord-Voicings auf dem gesamten Griffbrett zu visualisieren. Wieder war es Wes Montgomery, der diese Idee aufgegriffen und wunderbar weiterentwickelt hat. Wenn du Wes bei einem Solo zuhörst, wirst du feststellen, dass er häufig einen Chorus aus Einzelnoten-Phrasen spielt, dann zu Oktaven übergeht und mit einem Blockakkord-Solo endet. Auch Johnny Smith war ein Meister dieser Technik und verwendete in seinen Soli oft üppig klingende Akkord-Voicings.

Tipps zur Oktavtechnik

*   Höre dir unbedingt einige Solos von Wes Montgomery an - ein Muss für Akkordsoli und Oktavideen!

*   Sowohl Wes als auch George Benson machen in ihren Soli ausgiebig Gebrauch von Oktaven. Wenn du Oktavlinien spielst, passe die Position deiner Greifhand so an, dass du die Saite zwischen den Oktavtönen dämpfst - wir wollen nicht, dass sie klingt. Schlage die Oktave mit viel Attack in der Spielhand an, denn es ist wichtig, dass die Noten so gleichzeitig wie möglich klingen. George und Wes neigen beide dazu, ihren Daumen für Oktaven zu benutzen, um einen wärmeren Klang zu erzielen, aber es ist auch in Ordnung, ein Plektrum zu benutzen.

Wir erkunden nun einige oktavierte Linien und beginnen mit einem klassischen Lick im Wes-Stil, das sich über die Blues-Sequenz erstreckt, mit einer leichten Modifikation, um den Eb7-Akkord unterzubringen.

Beispiel 4a

Hier ist ein einfaches Oktav-Lick, das auf der pentatonischen Dur-Tonleiter basiert. Obwohl es nicht schwer zu spielen ist, macht der starke Rhythmus diese Linie einprägsam. Im Audiobeispiel hörst du, dass diese zweitaktige Phrase ohne Änderung über die gesamte Blues-Sequenz gespielt werden kann.

Beispiel 4b

Hier ist ein weiteres Oktav-Lick, das sich für eine Blues-Progression eignet. In den Takten 9-10 unterbreche ich das Muster mit einer synkopischen Linie.

Beispiel 4c

Hier ist eine Frage-und-Antwort-Linie, die an den großen Kenny Burrell erinnert. Diese viertaktige Phrase kann geloopt werden und im Audiobeispiel hörst du sie über die gesamte Blues-Sequenz gespielt.

Beispiel 4d

Als Nächstes kommt ein von Wes inspiriertes Lick, das chromatisch absteigt.

Beispiel 4e

Hier ist eine letzte oktavierte Idee. Die Einschränkung, die uns das Oktavspiel auferlegt (wir können rein physisch nicht so viele Noten spielen), zwingt uns dazu, stärkere rhythmische Ideen zu spielen, weshalb es eine gute Technik ist, um einprägsame Hooks zu schaffen.

Beispiel 4f

Nun wollen wir uns einige Beispiele für das Spielen von Blockakkorden in Solos ansehen.

Oscar spielte manchmal Blockakkorde mit *erweiterten* Voicings, die auf dem Klavier mit seinem linearen Layout leichter zu erreichen sind. Auf der Gitarre ist es üblich, den Block-Akkord-Sound mit reduzierten Vier-Noten-Voicings zu erzeugen.

Beispiel 4g ist ein Übungsstück, das zeigt, wie man ein Solo mit Blockakkorden über eine G-Dur-Blues-Progression spielt. (Dies sind genau die Changes, die im Milt Jackson-Titel *Bags' Groove* verwendet wurden, welches ein Lieblingsstück von Wes Montgomery war).

Höre dir das Audiobeispiel an und spiele dann langsam die Notation durch. Wenn du das Stück gehört und gespielt hast, werde ich dir einen Überblick über die Techniken geben, die bei der Erstellung dieses Beispiels verwendet wurden.

Beispiel 4g

Auf den ersten Blick ist dies ein komplexes Beispiel mit viel Bewegung, aber es ist leichter zu verstehen, wenn wir die Dinge in die drei Prinzipien aufteilen, auf denen fast alle Blockakkord-Soli aufgebaut sind. Jedes Prinzip beschreibt eine Technik, die du während deiner Übungszeit entwickeln kannst.

Prinzip 1: Verschiedene Voicings für Akkorde verwenden

Schaue dir Takt zwei an. Der notierte Akkord ist C7 und es gibt vier verschiedene Akkord-Voicings, die den Klang des C-Dominantakkords beschreiben. Der Reihenfolge nach haben wir C6 (zweimal gespielt), C7b9 in achter Position, C7b9 in Elfter Position und CMaj9(13).

Wenn du die Kunst des Blockakkord-Solospiels entwickeln möchtest, ist der wichtigste erste Schritt, verschiedene Voicings für Akkorde über den gesamten Bereich des Halses zu erarbeiten. Fundamental Changes bietet mehrere Ressourcen, die dir dabei helfen können. Schaue dir Joseph Alexanders *Jazz Guitar Chord Mastery* und Tim Pettingales *Jazz Guitar Chord Creativity* an. Sie enthalten einfach zu befolgende Systeme, die dein Akkordvokabular erweitern und dich dazu bringen, Akkord-Voicings auf dem gesamten Griffbrett zu spielen.

Prinzip 2: Verwendung der vielseitigen verminderten Akkordform

Du wirst den ersten Akkord in Takt eins als eine übliche verminderte Akkordform identifizieren. Diese taucht häufig in Blockakkord-Soli auf und ist aus zwei Gründen nützlich:

Erstens ist es eine *Mehrzweckform*. Der hier in der zwölften Position gespielte Akkord könnte als F vermindert interpretiert werden (mit dem F-Grundton auf der hohen E-Saite). Wenn wir jedoch eine G-Bassnote hinzufügen, entsteht ein G7b9-Klang. Der vierte Akkord in Takt eins, der in der neunten Position gespielt wird, könnte als D vermindert interpretiert werden, aber auch hier wird er mit einer G-Bassnote zu G7b9. Das Schöne an dieser kleinen Form ist, dass sie sich sehr leicht bewegen lässt, und der Kontext, in dem sie verwendet wird, bestimmt, wie unsere Ohren sie wahrnehmen.

Zweitens ist er als *Verbindungsakkord* sehr nützlich. Schau dir noch einmal Takt eins an. Die verminderte Form wird verwendet, um die beiden Voicings von G7b9 chromatisch zu verbinden. Im Jazz werden oft verminderte oder halbverminderte Akkorde als Annäherungs-/Verbindungsakkorde verwendet. Zum Beispiel kann die Progression Cmaj7 - Dm7 - Em7 so gespielt werden: Cmaj7 - C#dim - Dm7 - Ebm7b5 - Em7.

Du kannst verminderte Akkorde im Blocksolo genauso verwenden, wie du skalenfremde Töne als Annäherungsnoten in Einzelnoten-Phrasen verwenden würdest. Sie funktionieren gut, weil sie sich zum nächsten Akkord in der Sequenz auflösen wollen.

Prinzip 3: Bewegungen in kleinen Terzen ausführen

Schaue dir den ersten Takt noch einmal an. Er enthält ein weiteres nützliches Mittel zum Aufbau von Blockakkord-Soli: Bewegungen in kleinen Terzen (ein Abstand von drei Bünden auf der Gitarre). Der erste Akkord in der Sequenz ist G7b9 in der zwölften Position, und der vierte Akkord ist G7b9 in der neunten Position - ein Abstand von einer kleinen Terz. Im Jazz ist es sehr üblich, Dinge in kleinen Terzen nach oben oder unten zu verschieben, und das funktioniert sowohl bei Akkordkadenzen als auch bei Licks.

Sieh dir auch Takt neun an. Der notierte Akkord ist Am7. Ich möchte hier einen Am9-Akkord spielen, aber wir hören die Am9 erst auf dem letzten Schlag des Taktes. Zuerst steige ich chromatisch zu einem Cm9 in achter Position auf und steige dann chromatisch zum Am9 ab. Das ist die kleine Terzverschiebung (Cm9 zu Am9), die einen Moment der Spannung und Auflösung erzeugen soll.

Unter Berücksichtigung dieser Prinzipien findest du hier eine alternative Möglichkeit, Block-Akkord-Phrasen in dieser Progression zu spielen.

Beispiel 4h

Vielleicht sagst du dir jetzt: „Das ist ja alles wunderbar, Ulf, aber wie komme ich selbst auf solche Phrasen?" Hier ist ein nützlicher Tipp:

Komponiere zunächst eine einfache, melodische Einzelnoten-Phrase über einer Akkordfolge, wobei du nur Noten auf der hohen E- und B-Saite verwendest. Versuche nun, diese Zeile in vierstimmige Blockakkorde zu harmonisieren. Wenn du Hilfe benötigst, gibt es Online-Tools wie **https://oolimo.com/guitarchords/analyze**, mit denen du die Noten auf einem virtuellen Griffbrett verschieben kannst, bis du ein angenehmes Voicing findest.

Arbeite mit der ursprünglichen Phrase, die du gespielt hast, bis du eine Reihe von kleinen Voicings gefunden hast, die gut zusammen klingen - und vergiss nicht, einen verminderten Akkord zu verwenden, um die Noten zu verbinden, wenn es nötig ist.

Im Folgenden findest du einige kurze Beispiele, wie du dies tun kannst (für diese Übungen gibt es kein Audio).

Zunächst eine einfache Melodie mit drei Noten in der Tonart C-Dur.

Es gibt viele Möglichkeiten, diese einzelnen Noten in Blockakkordphrasen zu verwandeln. Hier ist eine:

Genauso gut könnte man sie auf diese Weise harmonisieren. Hier verwende ich die halbverminderte Form und entscheide mich dafür, den Schlussakkord zu einem Fmaj9 zu machen, statt zu einem Cmaj7.

Oder wir könnten einen spannenderen Klang erzeugen, indem wir die Linie mit erweiterten/alterierten Akkorden harmonisieren.

Die einzige Einschränkung für das Harmonisieren von Linien ist dein Wissen über das Griffbrett und deine Vorstellungskraft. Warum komponierst du also nicht ein paar melodische Linien und findest heraus, wie viele verschiedene Möglichkeiten du hast, sie zu harmonisieren?

Beispiel 4i ist eine Linie, die Oktav-Riffs mit Blockakkord-Phrasen mischt. Dieses Beispiel zeigt, wie man innerhalb von Licks Blockakkorde einführen kann - ein bisschen so, als würde man sich selbst beim Solospiel begleiten.

Beispiel 4i

Im nächsten Kapitel führen wir die Idee des Akkord-Solospiels einen Schritt weiter und ich zeige, wie man Akkord-Solos über einige berühmte Standards spielt.

Kapitel Fünf - Ideen zur Reharmonisierung

„Ich mache etwas nicht, weil ich glaube, dass es 30 Millionen Alben verkaufen wird. Das ist mir völlig egal. Wenn es sich nur einmal verkauft, dann verkauft es sich einmal."

Die Ideen in diesem Kapitel führen das Konzept des Blockakkord-Solos weiter und bauen auf den Konzepten auf, die im vorherigen Kapitel besprochen wurden. Hier findest du einige Beispiele, die zeigen, wie man melodische Linien harmonisiert, die über die Changes einiger berühmter Jazzstandards gespielt werden.

Eine Fähigkeit Oscars, die ich sehr bewunderte, war seine Gabe, eine bekannte Melodie zu *reharmonisieren*. Mit anderen Worten, er bereicherte die bestehende Harmonie durch das Hinzufügen von erweiterten Akkorden, führte aber auch Ideen zur Substitution von Akkorden ein. Er konnte einer alten Melodie neues Leben einhauchen, ohne dabei das Wesentliche der ursprünglichen Harmonie aus den Augen zu verlieren. Oscar verbrachte jeden Tag Stunden am Klavier und übte Akkordvoicings, wobei er sich zwang, kreativ zu sein und verschiedene Ansätze auszuprobieren. Er sagte einmal: „Ich wollte nicht so klingen, als würde ich einen Akkord spielen, nur um zum nächsten zu kommen."

Das Konzept der Reharmonisierung ist sehr umfangreich, und wir können im Rahmen dieses Buches kaum an der Oberfläche kratzen. Ich wollte dieses Kapitel jedoch aufnehmen, weil es ein wichtiger Teil von Oscars Stil war und weil ich hoffe, dass es dich dazu inspiriert, dieses Konzept weiter zu erforschen.

Alle großen Jazzgitarristen haben Ideen der Rehamonisierung in ihr Spiel eingebaut, um wunderbare akkordbasierte Soli zu schaffen. Joe Pass und mein lieber Freund Martin Taylor sind zwei Beispiele für Spieler, die *harmonisch improvisieren*. Mit anderen Worten: Sie denken sich endlose Variationen für die Harmonie eines Stücks aus und spielen es vielleicht nie zweimal auf dieselbe Weise.

In diesem Kapitel möchte ich dir zwei Ideen für Blockakkord-Soli geben, an denen du arbeiten kannst, bevor wir das Kapitel mit einem improvisierten Gitarrensolo-Arrangement abschließen, das ich gespielt habe und das Einzelnotenlinien mit akkordischen Passagen verwebt. Das Ziel ist es, dir zu zeigen, wie diese Ideen schließlich zu einem originellen Arrangement eines Songs kombiniert werden können.

Das erste Stück ist der Klassiker *Secret Love*, der durch Doris Day im Film *Calamity Jane* berühmt wurde.

Secret Love

Wir werden uns den A-Teil dieses Stücks ansehen. Hier ist die ursprüngliche Akkordfolge des A-Teils:

| Ebmaj7 Bb7 | Ebmaj7 Bb7 | Eb7 Ab7 Gm7 C7 | Fm7 Bb7 |

| Fm7 Bb7 | Fm7 Bb7 | Fm7 Bb7 | Eb6 Bb7 |

Beispiel 5a ist ein Blockakkord-Solo, das auf diesen Changes basiert. Denke daran, dass ein Blockakkord-Solo meist auf einer Einzelnoten-Melodie basiert, die in Akkorden harmonisiert wurde. Wenn du *nur* die höchste Note jeder der unten aufgeführten Akkordformen spielst, hörst du die Gegenmelodie, die mir beim Spielen dieses Stücks vorschwebte.

Nimm dir die Zeit, dieses Beispiel durchzuspielen. Vergleiche es mit den ursprünglichen Changes und du wirst sehen, dass ich die meiste Zeit komplexer klingende Voicings verwende und Durchgangs-Akkorde hinzufüge, um die Hauptakkorde des Stücks zu verbinden.

Satin Doll

Satin Doll wurde von Duke Ellington und Billy Strayhorn komponiert und ist einer der größten Jazz-Standards aller Zeiten, weil er eine sehr einprägsame Melodie hat und einige einfache, aber sehr effektive harmonische Wendungen enthält. Hier sind die ursprünglichen Changes des A-Teils:

| Cm7 F7 | Cm7 F7 | Dm7 G7 | Dm7 G7 |

| Gm7 C7 | Gbm7 B7 | Bbmaj7 Eb7 | Dm7 G7 |

Hier ist meine Interpretation eines Akkordsolos. Ich verwende hier einige b5-Substitutionen, um zusätzliche Bewegung zu erzeugen.

Beispiel 5b

Yours Is My Heart Alone

Zum Schluss noch ein Übungsstück, an dem du während deiner Übungsstunden arbeiten kannst und das ich in freiem Rhythmus improvisiert habe. Es basiert auf den Changes des Songs *Yours Is My Heart Alone*. Dieses Stück wurde ursprünglich als Arie für die deutsche Operette *Das Land des Lächelns* von 1929 mit Musik von Franz Lehár komponiert. In den 1940er Jahren fand es seinen Weg von der Opernbühne in den Jazz, als Glenn Miller und Bing Crosby jeweils eine Version aufnahmen.

Ich habe bei diesem Arrangement in Bezug auf die harmonische Struktur absichtlich alles über den Haufen geworfen, aber lass dich nicht abschrecken! Lerne jeweils ein paar Takte auf einmal und präge dir zunächst die oberste Melodielinie ein (die höchste Note jedes Akkords), damit du eine klare Vorstellung davon bekommst, wohin die Melodie führt. Einige der Akkordharmonien sind anspruchsvoll, aber im Kontext wirken sie zusammen und ergeben ein ansprechendes Arrangement. Höre dir das Audiobeispiel ein paar Mal an, bevor du beginnst.

Beispiel 5c

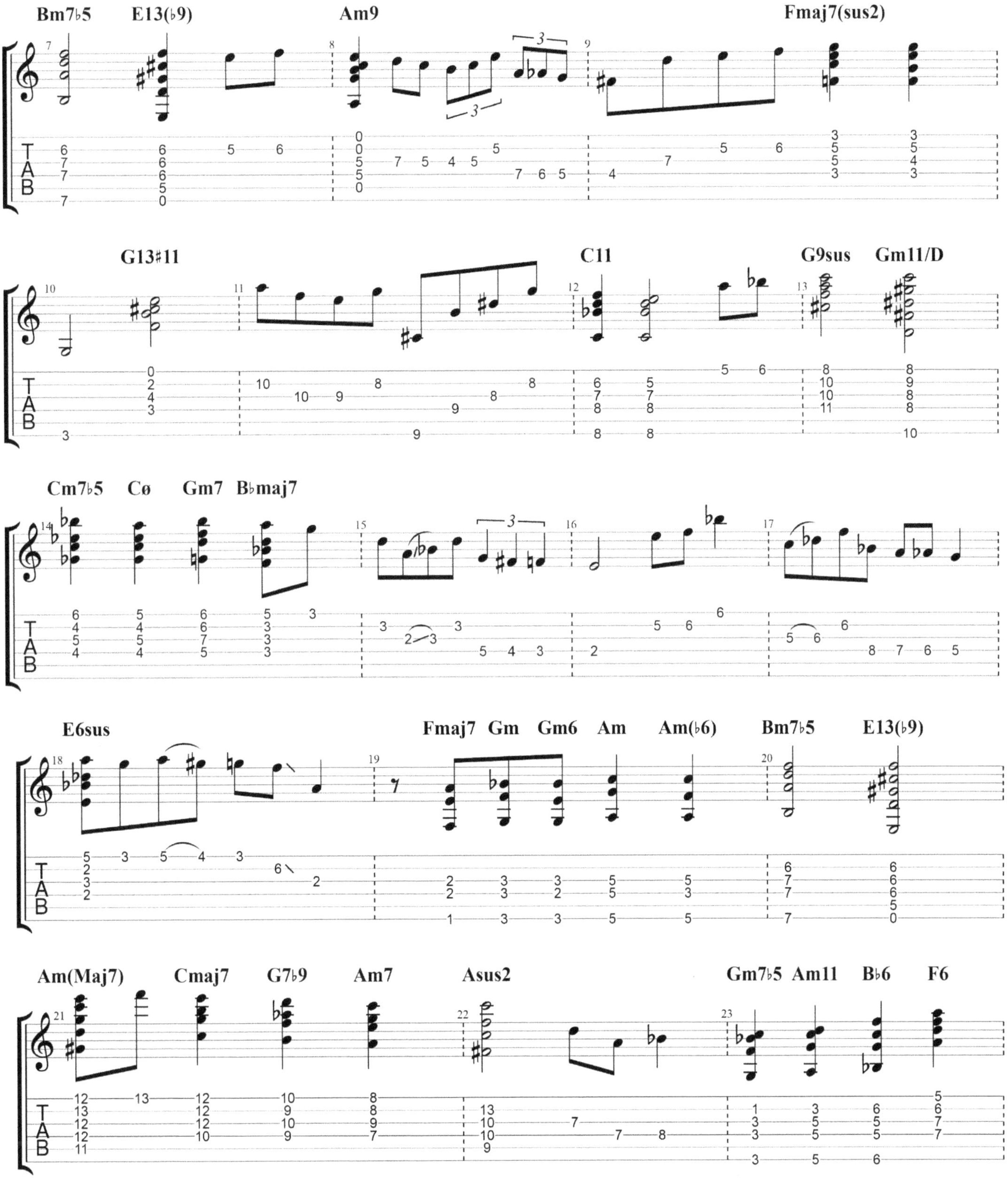
Bm7♭5 E13(♭9) Am9 Fmaj7(sus2)
G13♯11 C11 G9sus Gm11/D
Cm7♭5 Cø Gm7 B♭maj7
E6sus Fmaj7 Gm Gm6 Am Am(♭6) Bm7♭5 E13(♭9)
Am(Maj7) Cmaj7 G7♭9 Am7 Asus2 Gm7♭5 Am11 B♭6 F6
TAB

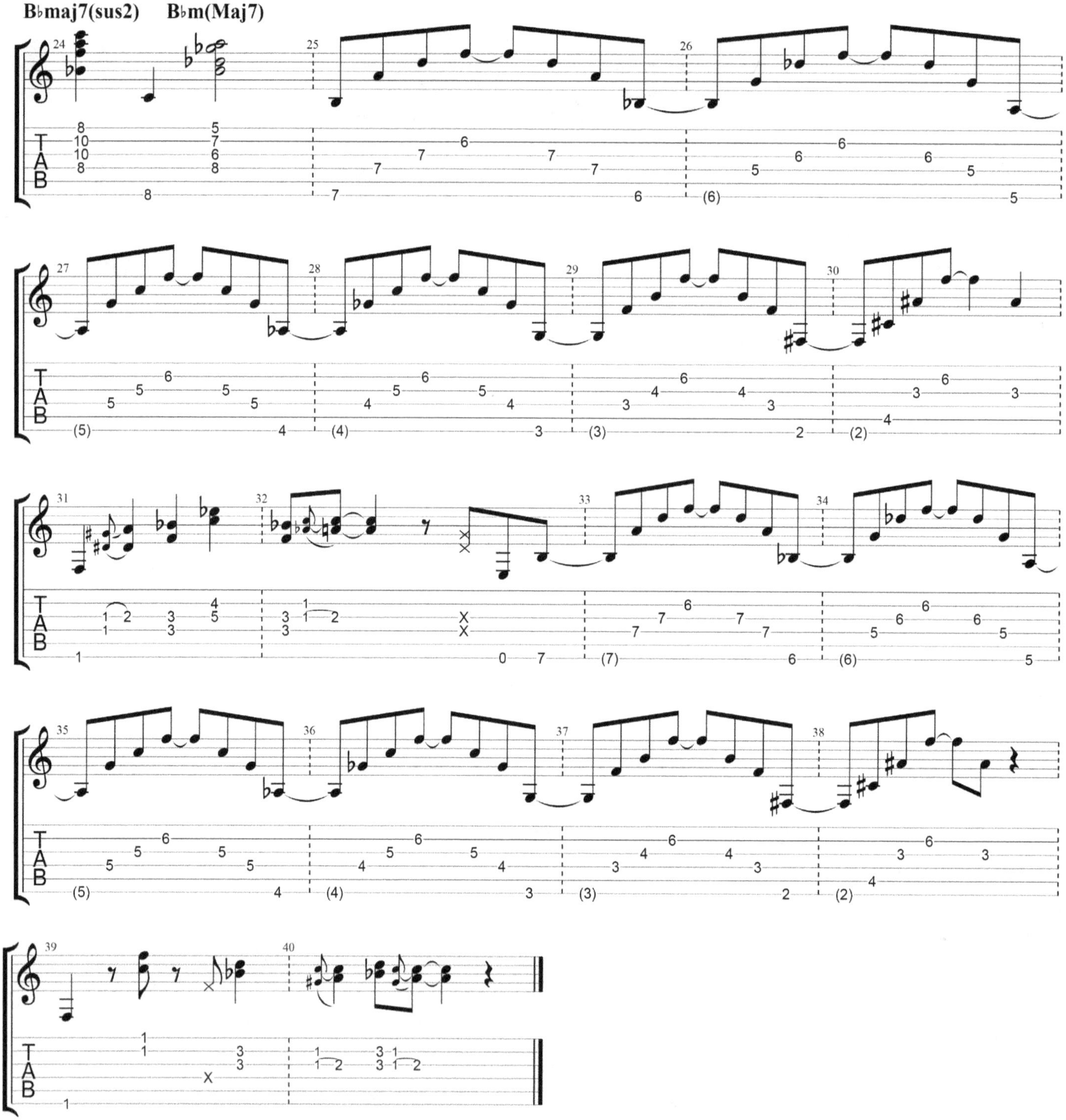

B♭maj7(sus2)
B♭m(Maj7)

Kapitel Sechs - Chromatische Licks und Enclosures

„Manche Leute werden sehr philosophisch und verkopft, wenn es darum geht, was sie mit Jazz aussagen wollen. Man braucht keine Prologe, man spielt einfach."

Ein weiteres Merkmal von Oscars Spiel war die Verwendung von Chromatik und Enclosures zum Aufbau komplexer harmonischer Linien und Motive, die beide bewährte Bebop-Mittel sind. Mit ihnen lassen sich wunderschöne Linien schaffen, die sich um die zugrunde liegende Harmonie schlängeln und manchmal so klingen, als würden sie sich nie auflösen.

Zuerst schauen wir uns einige Licks mit chromatischen Annäherungsnoten an, dann gehen wir zu Enclosures über. Zum Schluss sehen wir uns einige Licks an, die die beiden Ansätze miteinander verbinden.

Tipps zur Technik

- Eine lohnende Übung ist es, die Hauptmelodien einiger Stücke von Charlie Parker zu lernen (*Anthropology, Donna Lee* und *Scrapple From the Apple* sind besonders gute Beispiele). Parkers wunderschön geformte melodische Linien sind eine Musterbeispiele für die Verwendung von Chromatik und man kann viel lernen, wenn man isoliert, was er über einen bestimmten Akkord spielt.

Hör dir zuerst Beispiel 6a an, dann erkläre ich die Technik, mit der es entstanden ist. Dieses Lick wird über den A-Teil von *Close Your Eyes* in der Tonart F-Moll gespielt.

Beispiel 6a

Ideen wie die im obigen Beispiel können durch Hinzufügen von chromatischen Durchgangsnoten zu den Arpeggio-Tönen in jedem Akkord entstehen, um erweiterte Phrasen aufzubauen. Dieser Stil der Jazzimprovisation wird in der Regel mit 1/8-Noten-Passagen gespielt, während versucht wird, dass es vor allem die Akkordtöne und nicht die Durchgangsnoten sind, die auf die starken Schläge des Taktes fallen. Dieser „Outside-Inside"-Sound ist das Herzstück des Bebop.

Um zu erklären, wie die Technik funktioniert, wollen wir uns auf den Fm7-Akkord in der *Close Your* Eyes-Progression konzentrieren. Schau dir die beiden Fm7-Arpeggio-Diagramme unten an. Das Diagramm auf der linken Seite zeigt ausschließlich die Noten eines Fm7-Arpeggios in der 8. Position. Das Diagramm auf der rechten Seite zeigt alle möglichen chromatischen Noten, die du um die Arpeggio-Noten herum spielen könntest, ohne dich von der 8. Position zu entfernen.

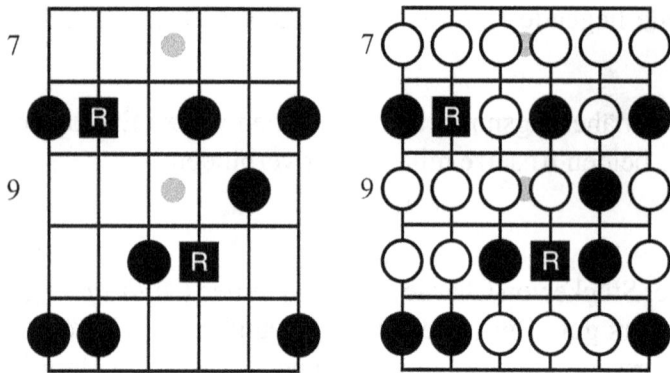

Dieses Diagramm zeigt, dass *jede* Kombination von Akkordtönen und Passing Notes (Durchgangsnoten) verwendet werden kann, um ein Lick zu kreieren. Der einzige Vorbehalt ist, dass es gut klingen muss! Hier ist die Art von Linie, die mit dieser Idee konstruiert werden kann (es gibt kein Audio für diese Übung).

Die obige Zeile beginnt mit vier nacheinander gespielten Arpeggio-Tönen, dann werden chromatische Noten verwendet, um sich den Arpeggio-Tönen für den Rest der Linie anzunähern. Das klingt sofort nach Bebop. Dieses Prinzip wird auch bei den folgenden Licks verwendet.

Hier sind drei Linien im Oscar-Stil, die jeweils Läufe mit chromatischen Noten enthalten, die mit dieser Technik erstellt wurden.

Beispiel 6b

Beispiel 6c

Beispiel 6d

Enclosures

Als Nächstes wenden wir uns dem Konzept der *Enclosure* (dt. etwa „Umspielung") zu. Vereinfacht ausgedrückt, umgibt eine Enclosure eine Zielnote mit Noten auf beiden Seiten (normalerweise auf derselben Saite). Dieser Ansatz unterscheidet sich von der Chromatik dadurch, dass Enclosures eine Kombination aus Skalentönen und chromatischen Noten verwenden, um den Zielton zu „umspielen". Veranschaulichen wir dies anhand eines Cmaj7.

Ein typisches Enclosure-Lick würde die Akkordtöne des Cmaj7-Akkords nehmen und sie mit einer *Skalennote* über jedem Akkordton und entweder einer Skalennote oder einer chromatischen Note darunter umschließen. Spiele das folgende Beispiel durch, bei dem die Akkordtöne auf die Mitte jeder Triole fallen.

Spiele nun das folgende Beispiel auf der Grundlage einer Dm7-Akkordform in der fünften Position durch. In diesem Fall wird eine Note über jedem Akkordton gespielt, dann der Akkordton selbst, dann eine Note darunter, dann wieder der Akkordton. Joe Pass hat diese Art von Linie häufig gespielt.

Es gibt viele verschiedene Variationen, die man spielen kann, sobald man das Prinzip verstanden hat. Dieses Lick zeigt, wie Enclosures verwendet werden können, um melodische Phrasen als Teil eines Solos zu erzeugen.

Beispiel 6e

Die übrigen Ideen in diesem Kapitel vermischen diese beiden Ansätze. Teile der Linie werden auf Enclosures aufgebaut, die ein Arpeggio darstellen, und andere Teile werden auf chromatischen Läufen aufgebaut. Durch die Kombination dieser Ideen entsteht ein Kontrast in deinem Spiel - eine Mischung aus dichten chromatischen Läufen und eher intervallisch klingenden Enclosures. Gehe die folgenden sieben Beispiele durch und versuche, die darin enthaltenen Enclosures und Annäherungsnoten zu erkennen.

Beispiel 6f

Beispiel 6g

Beispiel 6h

Beispiel 6i

Beispiel 6j

Beispiel 6k

Beispiel 6l

Kapitel Sieben - Schnelle Läufe

„Ich wusste, dass jemand eine treibende Kraft innerhalb der Gruppe sein musste, und ich beschloss, dass ich das sein würde."

Oscar sagte einmal: „Ich bin ein Bewunderer der schönen langen Linie, die irgendwo beginnt und dann einen Bestimmungspunkt erreicht. Wenn man einen Bestimmungspunkt erreicht, rechtfertigt das alle anderen Aspekte der Linie ... Ich bin ein Verfechter der langen Linie, aber sie muss *etwas bedeuten*."

In seinem Spiel improvisierte Oscar Linien, die sowohl lang *und* schnell als auch voll von gut durchdachtem melodischem Gehalt waren. Oft spielte er Linien aus 1/16-Noten, manchmal aber auch aus 1/32-Noten, was einen dramatischen Effekt hatte und natürlich seine atemberaubende Technik hervorhob.

Tipps zur Technik

- In den Beispielen dieses Kapitels gibt es einige anspruchsvolle Linien – Du solltest gewarnt sein! Um sie erfolgreich zu lernen, übe die Zeilen mit einem Metronom in einem *langsamen* Tempo. Spiele sie viele Male durch, um die Form jeder Zeile in deinem Muskelgedächtnis abzuspeichern. Vergewissere dich, dass du jede Zeile mehrere Male flüssig spielen kannst, bevor du daran denkst, das Metronom zu beschleunigen.

- Beim Spielen von 1/8-Noten-Jazzlinien neigen Gitarristen dazu, ein subtiles, hüpfendes Triolengefühl hinzuzufügen, um die Linien zum Swingen zu bringen. Wenn man schnell spielt, funktioniert dieser Ansatz nicht - die Linien müssen gerade und mit einer gleichmäßigen Betonung gespielt werden. Dies ist die einzige Methode, um bei hohem Tempo einen flüssigen Klang zu erzielen.

Wenn du einen schnellen Lauf in dein Solo einbauen willst, kann es dramatisch interessant sein, ihn mit etwas sehr Einfachem zu kontrastieren. Dies mag ein extremes Beispiel sein (ich bin etwas extrem!), aber Beispiel 7a beginnt mit einem einfachen bluesigen Lick im Stil einer „Frage". In Takt drei wird es mit einem rasanten 1/32tel-Notenlauf beantwortet, der ziemlich unerwartet ist.

In Takt fünf taucht wieder eine bluesige Phrase auf, die mit einem etwas weniger dramatischen swingenden 1/16tel-Lauf beantwortet wird. In den Takten 8-9 fange ich bewusst an, auf die Bremse zu steigen und hinter dem Beat zu spielen. Lass dir mit den Takten 3-4 Zeit, um die Form des superschnellen Laufs zu finden.

Beispiel 7a

Hier ist ein weiteres Beispiel dafür, wie Oscar einen schnellen Ausbruch von Noten in die Mitte einiger langsamerer Phrasen einfügen kann, um einen dramatischen Effekt zu erzielen. Beispiel 7b beginnt mit einer trügerisch trägen, bluesigen Phrase. In Takt drei wird diese mit einem 1/16-Notenlauf kontrastiert, der den Taktstrich zu Takt vier überquert. Takt fünf enthält ein weiteres Blues-Lick, auf das wiederum ein langer, schneller Lauf folgt.

Beispiel 7b

Probiere als Nächstes dieses Beispiel für das Spielen von 1/16-Noten-Phrasen über einem Mid-Tempo-Swing-Titel. Hier spiele ich 1/16-Noten-Linien über den A-Teil von *Satin Doll* in der Tonart Bb-Dur. Das Lick beginnt mit einer kaskadenartigen Linie, die durch die Akkorde Cm7 und F7 mit chromatischen Durchgangnoten absteigt.

Du wirst feststellen, dass in diesen schnellen Zeilen viele Durchgangsnoten vorkommen, da es sehr schwierig wäre, lange 1/16-Noten-Phrasen nur mit Akkordtönen zu spielen. Ich haue mit diesem langen Lauf mal so richtig einen raus und hole erst in Takt zehn wieder Luft. Es ist in Ordnung, dies hin und wieder zu tun, aber man sollte diese Idee nicht überstrapazieren!

Beispiel 7c

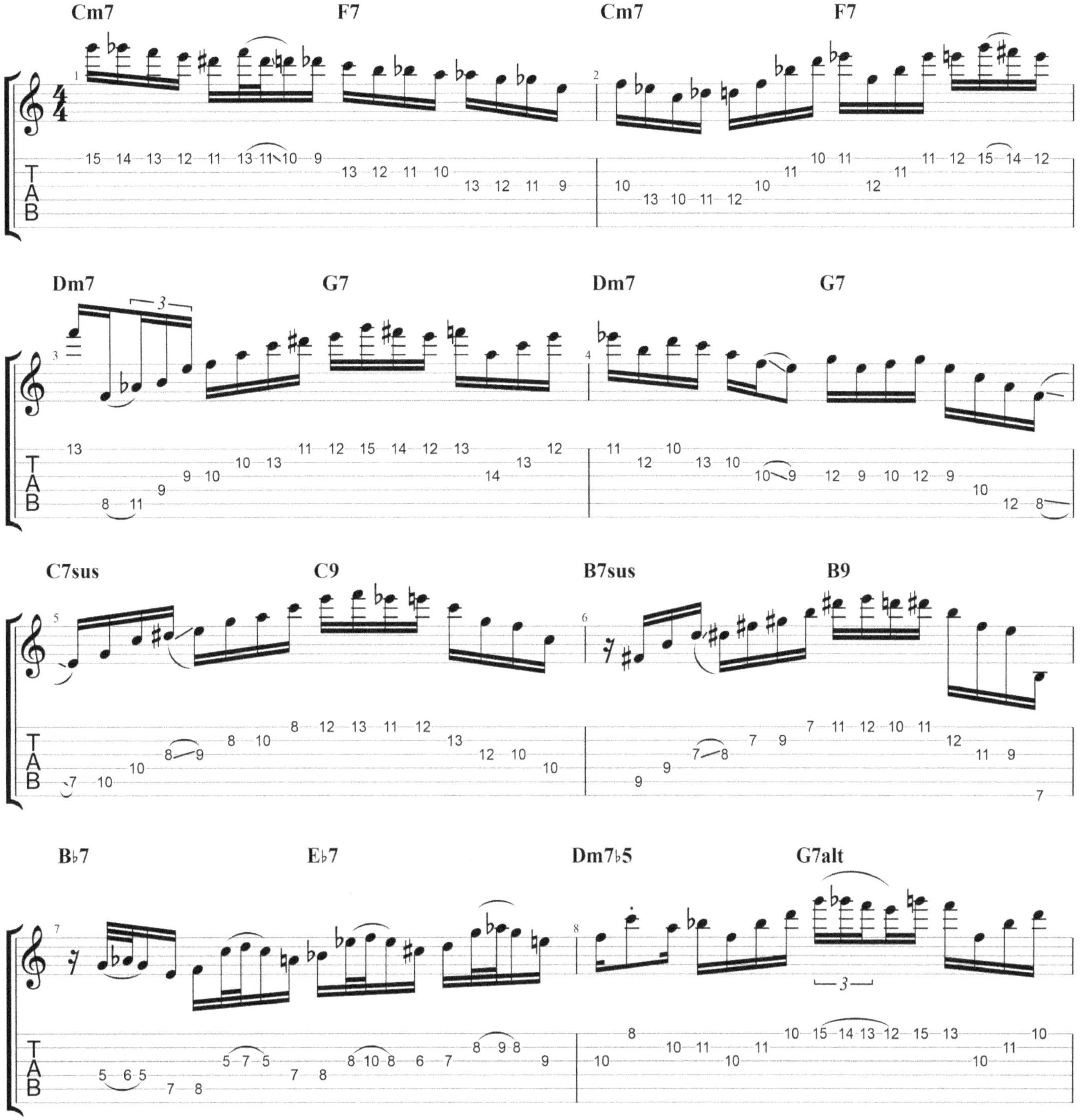

OK, mach dich auf etwas gefasst - hier sind einige sehr schnelle Läufe, an denen du arbeiten kannst! Stell dir vor, du bist auf dem Höhepunkt eines Solos und spielst eine Zeit lang einen Strom von Noten über die Changes, bevor du alles wieder auf den Boden zurückholst.

Hier sind zwei Beispiele dafür, wie man schnelle Linien über die Changes von einer schnelleren Version von *Sweet Georgia Brown* spielt.

Beispiel 7d

A♭maj7 B♭m7 E♭7 A♭maj7 Gø7 C7♭9
F7
B♭7
Fm7 Gø7 C7♭9 Fm7 B♭m7 E♭7
A♭7 G7 G♭7 F7 B♭7 E♭7 A♭6

Das nächste Beispiel in diesem rasanten Kapitel ist ein weiterer Lauf durch die Changes von *Sweet Georgia Brown.* So schnell dies auch sein mag, wenn man es in voller Geschwindigkeit spielt, wird man feststellen, dass selbst bei schnellen Notenströmen noch gelegentlich Lücken in den Linien vorhanden sind. Sobald du das Tempo drosselst, wirst du feststellen, dass es erkennbare Phrasen gibt. Es gibt hier einige lange Läufe, aber es gibt immer noch ein paar Atemzüge dazwischen!

Beispiel 7e

Kommen wir zurück auf den Boden der Tatsachen mit einer ruhigeren, bluesigen Idee über den C-Dur-Turnaround aus den Beispielen 7a und 7b.

Beispiel 7f

Denke daran, dass du bei der Arbeit an schnellen Licks immer langsam beginnst und dich auf ein sauberes Spiel konzentrierst. Erhöhe dein Tempo nur allmählich und in kleinen Schritten. Das hilft dir, die Form der Linie im Muskelgedächtnis zu verankern.

Viel Erfolg bei der Arbeit an deiner Geschwindigkeit!

Kapitel Acht - Modale Licks

„Es spielt keine Rolle, um welches Instrument es sich handelt, es ist einfach ein anderes Ausdrucksmittel. ... es hängt immer noch von dir ab und das, was du sagst, gibt ihm seine Berechtigung – oder nicht."

Eines der Projekte, an denen Oscar in den 1970er Jahren arbeitete, war eine Sammlung von Originalkompositionen, die er als Africa Suite bezeichnete. Er spielte nicht viele dieser Kompositionen live, aber ein Stück, das regelmäßig auf unserer Setlist auftauchte, war *Nigerian Marketplace*.

Der A-Teil ist in seinem Ansatz eher modal, was ungewöhnlich für Oscar ist. Er beginnt mit einem Am9-Akkord und geht dann einen Ganzton runter auf Gm9. Dann geht es einen weiteren Ton runter nach Fm9, gefolgt von einem E9#11 und einer Auflösung nach Ebmaj9#11. Nach einem komplexeren Mittelteil von sechzehn Takten kehrt die Melodie zur modalen Sequenz zurück.

Anfang der 1950er Jahre war das Ausformulieren der Akkordwechsel beim Solospiel so sehr Teil des Jazz, dass den Musikern bei Aufnahmesessions oft nur ein Chordsheet und keine Melodie vorgelegt wurde. Ende der 50er Jahre wollten immer mehr Jazzmusiker jedoch neue Wege erkunden und viele begannen, modale Stücke zu komponieren. Modale Stücke enthielten oft nur wenige Akkordwechsel, da es in der Musik mehr um das Experimentieren mit verschiedenen skalenbasierten Linien als um statische Akkorde ging. *So What* von Miles Davis und *Impressions* von John Coltrane sind klassische frühe Beispiele, bei denen das gesamte Stück auf einem Akkord basiert, der sich um einen Halbton nach oben und unten verschiebt. Wayne Shorters *Footprints* ist ein weiteres Beispiel, bei dem Akkorde aus dem harmonisierten dorischen Modus verwendet wurden.

Die Herausforderung für Jazzgitarristen besteht darin, interessante melodische Phrasen über mehrere Takte eines statischen Akkordes zu schaffen. Auf *Nigerian Marketplace* haben wir statische Akkorde *und* sich verändernde tonale Zentren: Von A-Moll zu G-Moll und zu Eb-Dur.

Hinweis: Wenn die Sequenz zu Fm9 wechselt, handelt es sich um ein verdecktes ii V I in der Tonart Eb-Dur. Normalerweise würde die Sequenz Fm9 - Bb7 - Ebmaj7 lauten. Auf *Nigerian Marketplace* ist der Eb9#11-Akkord eine b5-Substitution für Bb7, und der Ebmaj7 wurde erweitert und alteriert zu einem Ebmaj9#11.

Die erste Gruppe von Beispiel-Licks befasst sich mit dem offensichtlichsten modalen Wechsel in diesem Stück: A-Moll zu G-Moll. Im modalen Jazz ist es üblich, jeden Akkord als eigenständiges tonales Zentrum zu behandeln, daher geht es hier hauptsächlich darum, Farbtöne und Texturen über den Akkorden zu erzeugen.

In Beispiel 8a denke ich an die relative Dur-Tonart für jedes der tonalen Zentren. C-Dur ist die relative Dur-Tonart von A-Moll, und Bb-Dur ist die relative Tonart von G-Moll. Diese Linie wird verdoppelt, um einen Kaskadeneffekt zu erzeugen.

Beispiel 8a

Die Melodie, die über dem Am9-Akkord in Beispiel 8b gespielt wird, basiert auf der üblichen Cmaj7-Akkordform, die in der siebten Position gespielt wird. Die oberste Note des Cmaj7-Voicing (ein B auf der hohen E-Saite, 7. Bund) ist die None (9) des Am9-Akkords. Diese Idee wird für den Gm9-Akkord um einen Ton nach unten transponiert, so dass wir jetzt eine Bbmaj7-Akkordform verwenden. In den Takten 9-16 wird die ganze Idee noch einmal eine Oktave höher gespielt, was ein einfacher Weg ist, um deine Licks weiter zu bringen.

Beispiel 8b

Als Nächstes folgt ein anspruchsvolles kleines Lick, das eine schnelle, effektive Sextolen-Sequenz in C-Dur erzeugt, die sich wiederholt.

Behandle jede sechstönige Phrase als zwei getrennte Bewegungen der Greifhand. Führe zunächst die drei Noten auf der hohen E-Saite mit einem Hammer-On/Pull-Off mit dem Zeige- und Mittelfinger aus. Spiele dann die drei Töne auf der B-Saite mit einem Hammer-On/Pull-Off mit Ring- und Zeigefinger. Deine Greifhand muss ein wenig zurückspringen, um den zweiten Hammer-On/Pull-Off zu ermöglichen, und sich dann wieder nach vorne bewegen für die nächste Wiederholung. Gehe alles sehr langsam an, bis der Übergang wirklich geschmeidig klingt.

Beispiel 8c

Hier ist eine Idee, die die einfache Bluesskala über jedem Akkord verwendet, aber die Dinge interessant macht, indem sie die Noten sequenziert.

Beispiel 8d

Das nächste Lick verwendet die oberen Noten des Moll-9-Arpeggios der einzelnen Akkorde. Es handelt sich um eine vierstimmige Phrase, und das Interesse wird durch das Aufbrechen der Rhythmen erzeugt.

Beispiel 8e

Die nächste Gruppe von Licks konzentriert sich auf den verbleibenden Teil der Akkordfolge des A-Teils - die „verkappte" ii V I-Progression in Eb-Dur. Die b5-Substitution in Takt zwei (Eb9#11 anstelle von Bb7) erzeugt eine schöne Dissonanz und gibt uns die Möglichkeit, einige farbigere Linien zu spielen. Dieser Abschnitt basiert natürlich auf einer traditionelleren Jazz-Harmonik.

Im ersten Beispiel steht der zweite Takt im Mittelpunkt des Interesses, und es sind zwei Jazz-Substitutionsideen im Spiel:

Die erste ist die gebräuchliche Idee, Moll-Akkorde über Dominant-Akkorde zu legen. Wenn du auf einen Dominantakkord stößt, kannst du ihn durch einen Moll-Akkord ersetzen, dessen Grundton eine reine Quinte über ihm liegt. Über unseren E-Dominant-Akkord können wir also B-Moll-Ideen spielen, weil B eine reine Quinte über E ist.

Die zweite Idee haben wir bereits kennengelernt: melodische/harmonische Ideen in kleinen Terzen zu bewegen. Die Phrase, die mit der letzten Note von Takt eins beginnt und in Takt zwei fortgesetzt wird, enthält eine Abm9-Akkordform. Dabei handelt es sich lediglich um die Bm9-Form, die eine kleine Terz tiefer gespielt wird. Ich hätte das Bm9 auch um eine kleine Terz nach oben zu Dm9 verschieben können. Oder ich hätte alle drei spielen können. Versuche, die offene tiefe E-Saite anzuschlagen, und spiele dann die oberen Noten von Abm9 - Bm9 - Dm9 - Bm9, wobei das tiefe E durchgehend erklingt. Dies ist ein gängiger Klang im modernen Jazz.

Beispiel 8f

Beispiel 8g verwendet eine ähnliche Überlagerungsidee. Über dem Fm9-Akkord in Takt eins spiele ich eine einfache Phrase mit Noten aus einem Abmaj7-Akkord (Ab-Dur ist die relative Dur-Tonart von F-Moll). Ich setze diese Idee in Takt zwei fort, wo die ersten sieben Noten der Phrase aus einem Abmaj7-Arpeggio stammen.

Als Nächstes wird der Fokus auf den zugrunde liegenden E9#11-Akkord gelegt, bei dem der zweite Triller (B-Saite, Bünde 11 und 12) die Note #11 hervorhebt.

Beispiel 8g

Das folgende Beispiel beginnt mit einem Abmaj7-Arpeggio-Lick über Fm9. Die Linie, die sich über das Ende von Takt eins/Anfang von Takt zwei erstreckt, beginnt mit einer übermäßigen Form, die schließlich zur Note #11 führt (eine A#-Note, die auf der B-Saite im 11. Bund gespielt wird). Danach ist der Rest des Licks eine bluesige Linie mit vielen Annäherungsnoten.

Beispiel 8h

Im zweiten Takt von Beispiel 8i werden Umkehrungen des E-Moll-Dreiklangs über dem Akkord E9#11 gespielt (D B G - B G D - G D B).

Du fragst dich vielleicht, wieso ein E-Moll-Klang über einem alterierten Dominantakkord funktioniert, aber die Note B ist die 5 von E9#11, und das D ist die b7. Nur die G-Note ist dissonant (es müsste ein G# sein - die 3), aber das gibt der Linie einen Outside-Inside-Klang, da das G nur flüchtig gespielt wird.

Beispiel 8i

In diesem letzten Beispiel wird im ersten Takt ein Abmaj7-Arpeggio über Fm9 gelegt. Im zweiten Takt wird wieder der E-Moll-Dreiklang über E9#11 verwendet, aber dieses Mal sind die Noten sequenziert. Im letzten Takt wird der Klang von Ebmaj9#11 mit einem Arpeggio umrissen und ich füge die 6 des Akkords (eine C-Note) hinzu. Das bedeutet, dass ich während eines Großteils dieser langen Phrase die Noten F, A und C spiele, welche die Noten eines F-Dur-Dreiklangs sind.

Ebmaj9#11 ist ein komplizierter Akkord. Deshalb kann der Trick hilfreich sein, die Noten eines Dur-Dreiklangs *einen Ton über dem Grundton* zu spielen. Die Dur-Dreiklangstöne F, A und C bilden die 9, 11 und 6 von Ebmaj9#11.

Beispiel 8j

Kapitel Neun - Performance-Stück: OP's Blues x 2

Die letzten beiden Kapitel dieses Buches enthalten drei vollständige Solos, die so viele von Oscar inspirierte Ideen wie möglich zusammenbringen, die wir in diesem Buch erforscht haben. Ich schlage vor, die Solos in viertaktigen Abschnitten durchzuarbeiten, um die Licks unter die Finger zu bekommen.

In diesem Kapitel gibt es zwei Chorusse eines Blues, den du in Angriff nehmen kannst. Dieses erste Beispiel enthält hauptsächlich Single-Note-Linien. Du wirst Oscars charakteristische Blues-Phrasierung, einige Double-Stops und auch ein paar Frage- und Antwortphrasen hören.

Beispiel 9a

Der zweite Chorus dieses Blues in F enthält mehr Oktavideen und einige Blockakkordpassagen. Achte in den Takten 17-20 auf die träge phrasierte Pedalton-Idee, die absichtlich hinter dem Beat zurückbleibt, um die verwaschenen Linien zu imitieren, die Oscar spielen würde.

Beispiel 9b

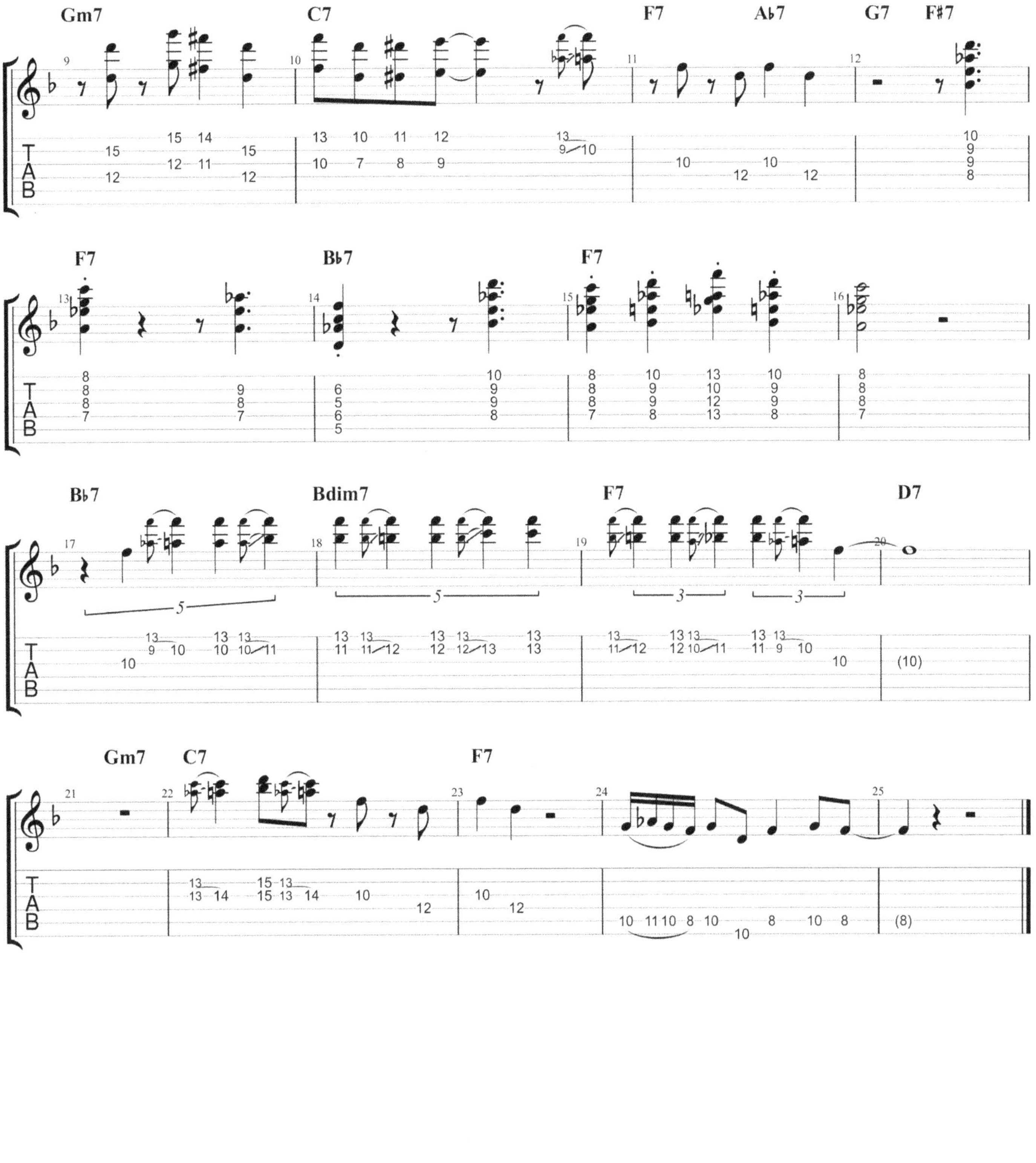
Gm7 C7 F7 A♭7 G7 F♯7
F7 B♭7 F7
B♭7 Bdim7 F7 D7
Gm7 C7 F7

Kapitel Zehn – Performance-Stück: Falling In Love With Love

Dieses letzte Stück basiert auf den Akkorden des Songs *Falling in Love With Love* (mit ein paar Akkord-Substitutionen). Es ist ein Stück, das Oscar gerne gespielt hat, und stammt aus dem Musical *The Boys From Syracuse* von Rodgers und Hart. Eine schöne Version von Oscar ist auf dem Album *The Oscar Peterson Trio at Zardi's* zu hören, auf dem auch die legendären Musiker Ray Brown und Herb Ellis zu hören sind.

Diese Performance enthält viele Enclosure-Licks im Stil von Oscar, die mit einem bluesigen Tonfall gespielt werden. Auch dieses Stück sollte in kleinere Abschnitte unterteilt werden, um an den schwierigeren Passagen isoliert zu arbeiten.

Beispiel 10a

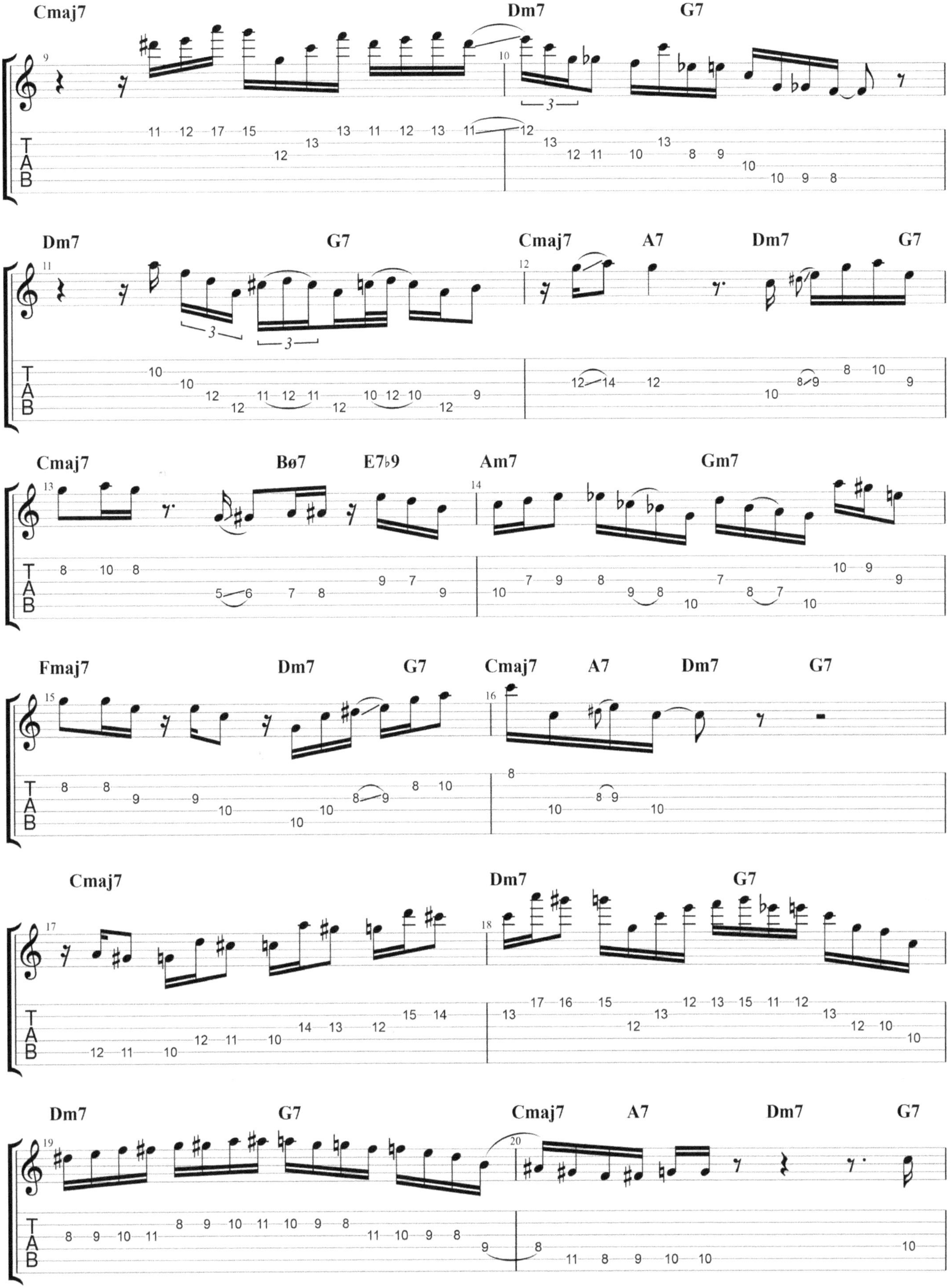
Cmaj7
Dm7
G7
Dm7
G7
Cmaj7
A7
Dm7
G7
Cmaj7
Bø7
E7♭9
Am7
Gm7
Fmaj7
Dm7
G7
Cmaj7
A7
Dm7
G7
Cmaj7
Dm7
G7
Dm7
G7
Cmaj7
A7
Dm7
G7

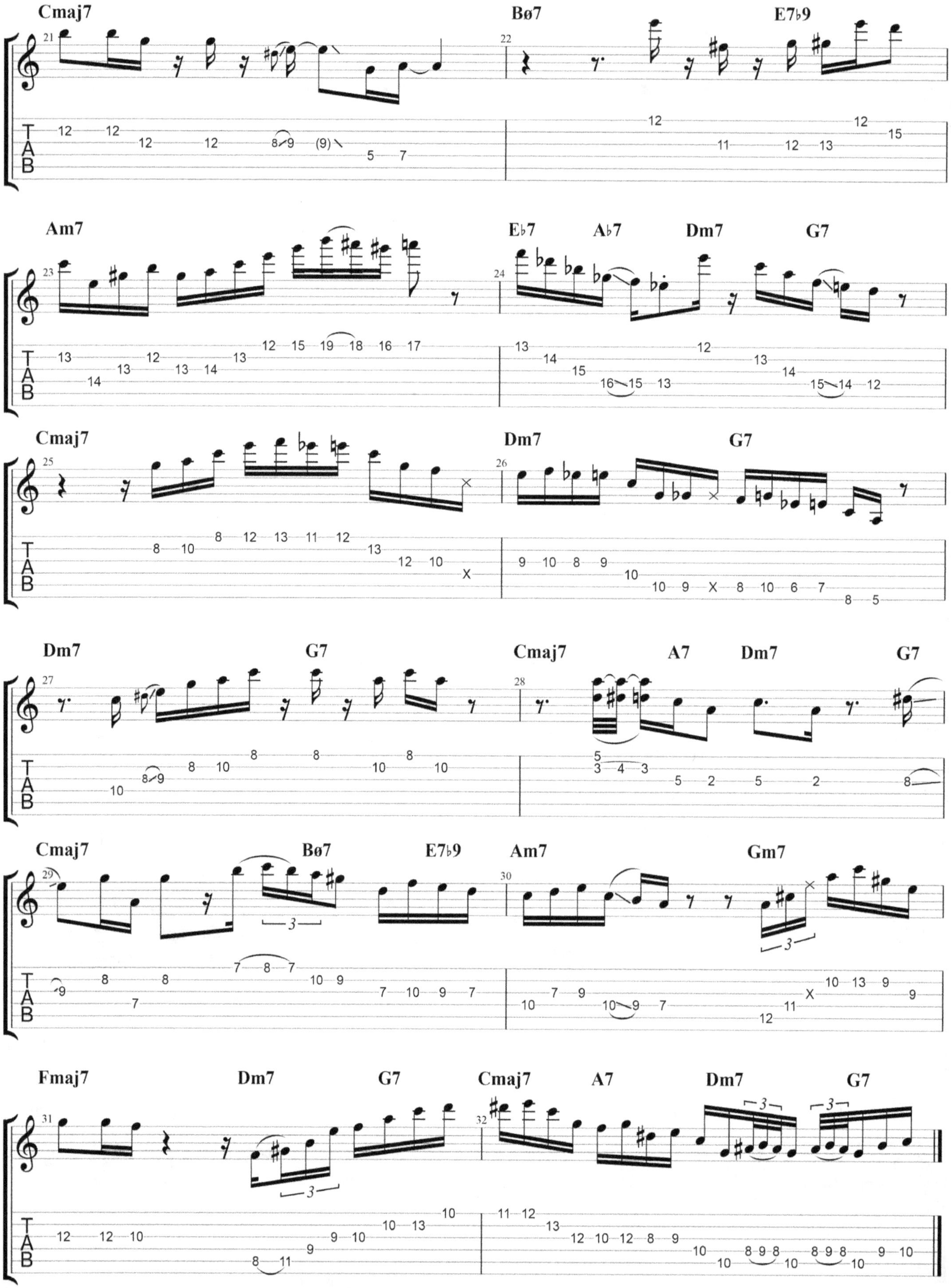
Cmaj7 Bø7 E7♭9
Am7 E♭7 A♭7 Dm7 G7
Cmaj7 Dm7 G7
Dm7 G7 Cmaj7 A7 Dm7 G7
Cmaj7 Bø7 E7♭9 Am7 Gm7
Fmaj7 Dm7 G7 Cmaj7 A7 Dm7 G7

Fazit

Ich hoffe, du hast diese Reise durch die Jazzkonzepte von Oscar Peterson genossen. Oscar liebte es, mit Gitarristen zu spielen, und in seinen Bands waren einige der ganz Großen zu hören: Barney Kessel, Herb Ellis, Irving Ashby (der Gitarrist von Nat King Cole) und Joe Pass. Ich muss mich immer noch kneifen, wenn ich daran denke, dass auch ich sein Gitarrist sein durfte.

Oscar war ein vollendeter Musiker. Joe Pass bemerkte, dass die einzigen ihm bekannten Musiker, die ihr Instrument annähernd perfekt beherrschten, Oscar Peterson und Art Tatum waren. Oscars Wissen über die Techniken des Jazz war so umfangreich wie tiefgründig, und es gibt immer noch viel zu lernen, wenn wir seine Musik hören. Wir alle lieben die Jazzgitarre, aber ich hoffe, dieses Buch hat dich dazu inspiriert, zu untersuchen, wie andere Instrumente unser Spiel bereichern können.

Höre und lerne weiter,

Ulf